우리 가족과 친구, 그리고 샘 같은 활동가들에게
- 쇼나 스티스, 존 스티스

내 소중한 친구 벨레 르 핑크에게
- 마리벨 레추가

BLACK BEACH: A Community, an Oil Spill, and the Origin of Earth Day

First published in the United States by Little Bee Books
Text copyright © 2023 by Shaunna and John Stith
Illustrations copyright © 2023 by Maribel Lechuga
All rights reserved.
Korean translation copyright © Bookstory
This Korean edition published by arrangement with Little Bee Books through AMO Agency, Korea

이 책의 한국어판 저작권은 AMO 에이전시를 통해 저작권자와 독점 계약한 북스토리에 있습니다.
저작권법에 의해 한국 내에서 보호를 받는 저작물이므로 무단 전재와 무단 복제를 금합니다.

샘이 가장 좋아하는 수업 시간,
샘은 가장 좋아하는 장소를 그리고 있었어요.
그런데 그때 교장 선생님이 들어오시더니 선생님의 귀에 뭐라고 속삭였어요.

창문으로 걸어가 바다를 바라보던 선생님이 얼굴을 잔뜩 찌푸렸습니다.

교장 선생님이 뭐라고 하신 거지?
선생님은 뭘 보고 계신 거야?

집으로 돌아온 샘은 부모님으로부터 끔찍한 사고 이야기를
듣게 되었어요. 유니언오일이라는 회사가 깊은 바닷속에서
기름을 파내다가 사고가 일어났고,
기름이 엄청나게 유출되었다고 했어요.
기름은 금세 산타바바라 해협으로 쏟아져 들어왔고요.

엄마는 그것을 '분출'이라고 불렀어요.
마치 콜라 병을 막 흔들고서 뚜껑을 열면
콜라가 한꺼번에 밖으로 흘러넘치듯
그렇게 기름이 쏟아져 나왔다고요.

사흘이 지났어요.
새까만 기름이 해안으로 밀려오기 시작했어요.

상상해 보세요.
샘이 가장 좋아하는 장소가 지금 어떻게 되었을까요?

샘은 제일 좋아하는 해변으로 가는 동안,
너무 불안해서 가슴이 콩콩거렸어요.

한 걸음 한 걸음, 걸음을 옮길 때마다 걱정도 불안도 함께 커졌어요.

해변이 까맣게 뒤덮였어요.

바다가 검은 눈물을 흘리는 것 같았어요.

샘이 걱정했던 것보다도 상황이 훨씬 더 심각했습니다.
반짝이며 부서지고, 발가락을 간질이던
파도도 아무 말 없이 고요했습니다.

샘이 느낄 수 있는 것은 미끄러운 검은 기름……

　　　　　　　　　　　　단지 그뿐이었습니다.

모든 마을 사람이 나섰지만,
누구도 어떻게 해야 할지 몰라 막막했어요.
석유 회사가 기름을 파내는 작업은 매우 위험한 일이었는데도,
미리 사고나 재난을 예상하거나
대비하지 못했다는 사실을 깨닫는 중이었죠.

그래도 산타바바라 사람들은 힘을 내서,
해안에 있는 생명들을 다시 살리기 위해
할 수 있는 일을 시작했습니다.
샘의 아빠는 어부들을 도와 기름을 흡수하기 위해
바다에 지푸라기를 던지는 일을 함께했어요.

샘의 엄마와 다른 자원봉사자들은
해변에서 오도 가도 못하게 된 바닷새를
수건으로 싸서 구출했습니다.
바닷새들은 깃털이 기름으로 뒤덮여 날지 못했거든요.

샘은 자신이 할 수 있는 일은
그냥 지켜보는 것뿐이라는 생각에 속상했어요.

밤이 되자 산타바바라를 다룬 뉴스가 방송되었습니다.
전국에 있는 수많은 사람들이
이곳에서 일어난 일을 알게 되었습니다.
전에는 겪어 보지 못한 일이었지요.

하지만 그러는 동안에도 기름은 계속해서
바다로 스며들었습니다.

샘은 이런 생각을 할 때마다 슬펐습니다.
그러다가 화가 나기 시작했어요.
샘은 자신이 가장 좋아하는 곳,
그리고 그곳에 사는 새와 자연의 친구들,
푸른 바다에 일어난 이 일이
정말이지 옳지 않다고 생각했습니다.

샘은 더는 가만히 앉아서 지켜보지 않기로 했어요.
바로 일어서서 행동할 시간이었죠!

샘은 친구들과 함께 병에 해변을 뒤덮은 기름을 채웠습니다.
그러고는 정치인들에게 그것을 우편으로 보냈습니다.

힘을 가진 사람들이
여기에서 무슨 일이 일어났는지 알게 된다면
아마 다시는 이런 일이 일어나지 않도록 노력할 테니까요.

슬픈 소식은 계속해서 퍼졌고,
점점 더 많은 사람들이 관심을 갖기 시작했습니다.
리처드 닉슨 대통령도 헬리콥터를 타고 보러 왔습니다.

사고가 나고 7개월이 지났을 때,
게일로드 넬슨이라는 미국 상원 의원이 산타바바라를 방문했습니다.
그는 종종 다른 정치인들에게도 지구를 보호해야 한다고
설득해 온 환경 운동가였습니다.

바다 위에 아직도 기름이 떠 있는 것을 보고,
넬슨 상원 의원은 자신이 할 일을 생각했습니다.

워싱턴으로 돌아온 넬슨 상원 의원은
곧바로 열성적인 젊은이들로 팀을 만들었어요.
그러고는 환경을 보호하기 위한 국가적인 기념행사를 준비했습니다.
바로 이것이 '지구의 날'이 되었습니다.

'지구의 날' 행사는 자기가 속한 지역에서 일어나는 환경 문제에 대해 지역에 사는 사람들이 함께 관심을 가지고, 이야기를 나누며 문제를 해결하기 위한 방법을 찾고, 더 많은 주변 사람들에게 널리 알리는 것을 목표로 삼았어요.

이렇게 환경을 생각하는 행사에 많은 사람이 관심을 가지고 참여한다면, 정치인들도 지구 환경 문제에 관심을 기울이게 되리라고 기대했습니다.

이 소식은 곳곳에 있는 학생과 교사에게도 알려졌어요.
소식을 들은 사람들은 자기 지역에서 할 수 있는
'지구의 날' 행사와 활동을 준비했습니다.

마침내 1970년 4월 22일이 되었습니다.
샘이 다니는 학교에서는 큰 규모로 지구의 날 행사를 열었습니다.
모인 사람들은 너도 나도 재활용할 수 있는 캔을 가져왔고,
양봉이 왜 좋은지에 대해서 배우거나,
살충제인 DDT 때문에 환경이 어떻게 파괴되는지 배웠습니다.

같은 날 전국에 있는 학교 수천 곳에서,
아이들은 환경 문제와 이를 개선하기 위해 할 수 있는 일에 대해
이야기하고 실천하는 특별한 하루를 보냈습니다.

샘은 배우면 배울수록 용기가 생겼습니다.
지구를 위해 할 수 있는 일이 정말 많음을 알게 되었거든요!

첫 번째 지구의 날에 2,000만 명이 함께했습니다.
이 중에는 환경이 얼마나 소중한지를 알리고
환경 기념일을 축하하는 사람들도 있고,
환경을 파괴하는 일에 항의하고
변화를 요구하는 사람들도 있었습니다.

'하나뿐인 지구'에 살아가는 우리 모두를 위한
새로운 운동이 탄생한 날이었죠.

검은 눈물을 흘렸던 산타바바라는
어떻게 되었을까요?
바닷새와 바다표범이 천천히 돌아오기 시작했습니다.
하지만 서식지가 원래대로 돌아오려면
시간이 더 필요합니다.

주요 일지

1969년 1월 28일 해저에서 드릴을 제거하다가 유니언오일의 플랫폼 알파 아래쪽에서 대규모 수중 폭발이 발생합니다. 이 소식은 다음 날까지 산타바바라에는 알려지지 않았습니다.

1969년 2월 미국 정부는 산타바바라 지역민들이 연대할까 봐 우려하면서, 기름 유출로 인한 영향을 최소화하고자 했습니다. 하지만 석유는 바다로 계속 스며들었고, 지역 사회 운동가들은 연안 시추가 지닌 위험성에 항의했습니다. 그들은 새로운 환경 단체를 결성하였고, 정치인들에게 관심을 기울이기를 촉구했습니다.

1969년 3월 원유 유출 뉴스가 보도되면서 리처드 닉슨 대통령은 피해를 조사하기 위해 산타바바라 해변을 방문합니다. 그는 "산타바바라 사건은 미국인들의 양심의 문을 두드렸습니다"라고 말했습니다.

1969년 8월 위스콘신주 출신 민주당 상원 의원 게일로드 넬슨이 산타바바라를 방문하고 충격을 받았습니다. 그는 무언가를 해야겠다고 결심했고, 환경 보호에 찬성하는 여론을 토대로 정치적 변화를 가져올 새로운 방법을 모색했습니다.

1969년 가을 넬슨 상원 의원은 훗날 '지구의 날'로 불릴 행사를 계획하고 준비했습니다. 그는 9월에 연설을 통해 환경 위기에 대응하기 위해 이 아이디어를 제안했고, 이는 전국 신문에서 다루어졌습니다. 이를 계기로 관심이 급속도로 확산했고, 「타임」 10월 10일자에 이 연설에 대한 기사가 실리면서 전국적으로 퍼져 갔습니다.

1969년 11월 넬슨 상원 의원은 전국적인 행사가 1970년 4월 22일 수요일에 열릴 것이라고 발표했습니다. 같은 날, 공화당 소속 폴 매클로스키 캘리포니아 하원 의원이 행사의 전국 운영 위원회에 공동 대표로 합류하게 하면서 당을 뛰어넘은 협력이 이뤄졌습니다. 지구의 날 팀은 환경을 보호하는 일이 정당의 벽을 넘어서야 한다고 믿었습니다.

1969년 12월 행사를 조직하고 준비하기 위한 사무실이 워싱턴 DC에 소박하게 문을 열었습니다. 전국적인 조직은 당시 하버드대학교 학생이었던 데니스 헤이즈가 주도한 것으로 알려져 있는데, 공식적인 조직 명칭은 '환경티치인'이라는 환경 인식 증진을 위해 활동하는 비영리 단체입니다.

1970년 1월 18일 이 조직은 「뉴욕타임스」에 전면 광고로, 4월 22일 지구의 날을 알렸습니다. 광고에는 전국적으로 만연한 환경 문제에 대응하기 위한 행동에 참여하기를 호소하고 환경 인식 증진을 위한 담대한 계획을 담았습니다.

1970년 봄 소식이 전해지자 워싱턴 DC 사무실에는 행사에 참여하고 싶어 하는 어린이와 어른들의 편지가 쇄도했습니다. 지구의 날 준비팀은 지구의 날 활동 예상 목록과 함께, 환경 교육 자료를 얻을 수 있는 방법을 소개하는 홍보물을 제공했습니다. 또 이들에게 매주 뉴스레터를 발송했는데, 각 지역 활동가들과 긴밀하게 소통하면서, 그들이 이 운동의 일원이라는 느낌을 받을 수 있도록 하기 위한 활동이었습니다.

1970년 4월 22일 드디어 지구의 날이 되었습니다! 대학 캠퍼스 2,000개, 초등학교와 중등학교 1만 개가 일주일 내내 행사를 열었습니다. 워크숍, 토론, 퍼레이드, 시위, 기념행사, 콘서트, 연극 등 형식도 다양했습니다. 모두 2천만 명이 넘는 사람들이 환경 문제에 목소리를 내고 환경 기념일을 축하했습니다. 참가자들 중에는 어린이, 청소년들이 가장 많았습니다.

1970년 12월 2일 국가적인 환경 기준을 만들고 시행하기 위해 미국 환경보호국(EPA)이 설립되었습니다. EPA는 2년 후 살충제 DDT 사용을 금지하게 됩니다.

1970년 12월 31일 대기질을 개선하고 미국 전역의 도시에 걸쳐 나타나는 스모그 문제를 해결하기 위해서 공기오염방지법이 제정되었습니다.

1972년 10월 18일 국가의 강, 호수, 하천으로 유입되는 오염의 양과 종류를 제한하는 기준이 담긴 수질오염방지법이 제정되었습니다.

1973년 12월 28일 멸종 위기에 처한 동식물과 그들의 서식지를 보호하기 위해서 멸종위기종법이 제정되었습니다.

지구의 날

1970년 행사가 성공을 거둔 뒤, 행사 모임을 조직했던 데니스 헤이즈는 지구의 날을 지속적인 운동으로 만들기로 결심했습니다. 그는 지구의 날 정신이 지속되도록 만들기 위해 지구의 날 네트워크를 설립했습니다.

1990년, 지구의 날 행사는 20번째 생일을 맞아, 국제적인 캠페인으로 다시 태어났습니다! 141개국에서 2억 명이 이 행사에 참가했습니다. 전 세계에서 재활용이 증가하고 있는 사실을 강조하기도 했습니다.

오늘날 지구의 날은 세계 거의 모든 나라에서 참여하고 있습니다. 매년 지구의 날이 던지는 메시지는 더욱 강해지고 있고, 전 세계적으로 기후 변화, 생태 보존, 서식지 복원과 같은 시급한 환경 문제에 대한 인식을 높이는 역할을 하고 있습니다.

2020년은 지구의 날이 50번째 생일을 맞이하는 해였고, 20억 명이 참여하리라 기대했습니다. 하지만 안타깝게도 COVID-19 대유행으로 인해 온라인에서만 개최될 수밖에 없었습니다.

매일매일이 지구의 날입니다!

지구의 날은 일 년에 한 번이지만, 지구를 보호하는 일은 매일 강조해도 지나치지 않습니다. 1970년 처음 지구의 날 행사가 열린 이후 많이 발전했지만, 아직 해야 할 일이 더 많습니다. 지금 바로 지구의 날을 지지하고, 자기 지역의 환경 보호를 위해 애쓰는 환경 단체를 찾아보고, 어떻게 참여할 수 있을지 알아보세요.

각자 쓰레기를 줄이고, 재사용하고 재활용하는 것도 환경을 보호하는 첫걸음으로 아주 좋습니다. 자전거를 타거나 대중교통을 이용하여 탄소 배출량을 줄이는 것도 좋습니다. 일회용 물병이나 컵 대신 텀블러나 다회용 컵을 사용하세요. 가능한 모든 것을 재활용하거나 퇴비로 만들어 보세요.

지속가능성은 지구상의 모든 사람들에게 더 나은 삶을 위한 열쇠가 될 수 있습니다. 우리는 미래 세대의 요구를 충족시킬 수 있는 능력을 해치지 않으면서 현재의 요구를 충족시킬 수 있는 방법을 찾아야 합니다. 이를 위해서는 소비를 줄이고 환경을 보호하기 위해 힘쓰는 일에 함께해야 합니다.

나도 환경 운동가 되기 (어렵지 않아요!)

누구나 환경 운동가가 될 수 있습니다. 특별한 자격이 필요한 것이 아닙니다. 환경 운동가가 되기 위해 여러분이 해야 할 일은 세상을 더 나은 곳으로 만들고자 하는 희망을 갖는 것, 그것을 위해 행동하는 것이면 충분합니다.

초보 환경 운동가를 위한 열 가지 제안

1. 동네 쓰레기 청소 모임에 정기적으로 참여하거나 모임을 만들어요.
2. 방을 나갈 때는 불을 꺼요.
3. 물을 적게 써요(양치할 때는 물을 받아서).
4. 다시 사용할 수 있는 물병이나 컵을 어디에나 가지고 다녀요.
5. 플라스틱 빨대는 싫다고 말해요(종이 빨대를 선택하거나 아예 빨대를 사용하지 마세요).
6. 식료품점이나 가족들이 쇼핑하러 갈 때는 장바구니를 가지고 가요.
7. 음식물 쓰레기는 쓰레기통에 버리지 말고 퇴비로 만들어요.
8. 학교에 갈 때는 도보나 대중교통을 이용해요. 그것이 어려울 땐 친구나 이웃과 카풀을 해요.
9. 우리 지역에서 일어나는 환경 문제에 대해 수시로 정보를 얻고 함께 행동하고 참여할 수 있는 환경 단체를 찾아 회원이 되어 봐요.
10. 환경 책을 읽거나 환경 주제 다큐멘터리를 시청하고, 환경 교육 프로그램에 참여해요. 읽거나 시청하고 참여하는 동안 느낀 점, 배운 점에 대해서는 친구나 가족들과 함께 이야기를 나눠요. 함께할 수 있는 일에 대해 용기를 내도록 응원하고 격려해요.

작가의 말

1960년대까지만 해도 쓰레기 문제는 심각하게 다루지 않았고 재활용은 드문 일이었습니다. 환경을 보호하기 위한 제도도 거의 없는 상황에서 기업들은 일상적으로 유독성 폐기물을 바다로 배출했고, 공기 중으로 해로운 화학물질을 뿜어냈습니다. 물론 사람들은 오염 현장을 목격하고 꺼림칙하게 여겼지만 실제로 어딘가에 큰 피해가 있으리라고는 생각하지 못했습니다.

이런 생각은 1969년 산타바바라에서 있었던 유니언오일 기름 유출 사고를 계기로 바뀌기 시작했습니다. 많은 사람들이 뉴스를 통해 검게 물든 해변과 고통받는 바닷새들을 보게 되었고, 인간의 행동이 지구를 해칠 수 있음을 깨닫게 되었습니다.

이 책의 주인공인 샘은 허구의 인물이지만, 실제로 산타바바라와 전국 학생들의 행동은 전 국민들의 지구 환경 문제에 대한 인식을 바꾸는 큰 계기가 되었습니다. 실제로 1970년 첫 번째 지구의 날에 환경 운동가들 2천만 명이 거리로 나왔을 때, 정치인들이 주목했습니다. 이를 계기로 미국에서는 1973년까지 대기오염방지법, 수질오염방지법, 멸종위기종보호법이 모두 통과되었습니다.

제도가 바뀌고 환경 인식 수준도 높아졌지만, 그럼에도 불구하고 오늘날 사람들은 여전히 지구를 해치는 결정을 내리곤 합니다. 우리는 석유를 시추하는 과정이 위험하며, 석유 사용이 기후변화의 주범이라는 사실을 잘 알고 있습니다. 또한 지금처럼 자원을 과소비하고 함부로 버리는 문화로는 지속 가능한 사회로 갈 수 없다는 사실도요.

그렇다면 인간과 지구가 공존하기 위해, 무엇을 할 수 있을까요? 더 나은 미래를 위해, 어떻게 연대하여 함께 변화를 이끌 수 있을까요? 어떻게 모두를 위해서 올바른 방향을 향해 갈 수 있을까요?

이처럼 어려운 질문에 쉬운 답은 없습니다. 분명한 것은 샘이 배웠듯이, 알면 알수록 할 수 있는 방법들이 많다는 사실을 깨닫게 될 거예요! 샘이 되어 보세요! 관심을 기울이세요! 참여하세요! 중요한 문제들에 목소리를 내 보세요!

참고 자료 목록

Christofferson, Bill. The Man from Clear Lake: Earth Day Founder Senator Gaylord Nelson. Madison, WI: University of Wisconsin Press, 2004.

Easton, Robert. Black Tide: The Santa Barbara Oil Spill and Its Consequences. New York: Delacorte, 1972.

"Gaylord Nelson and Earth Day: the making of the modern environmental movement," Nelson Institute of Environmental Studies, nelsonearthday.net/index.php

Hamilton, John. "How California's Worst Oil Spill Turned Beaches Black and the Nation Green." National Public Radio, 28 Jan. 2019. npr.org/2019/01/28/688219307/how-californias-worst-oil-spill-turned-beaches-black-and-the-nation-green

Miller, Martin. "The Oil Spill That Sparked the Green Revolution." Los Angeles Times, 28 Jan. 1999. latimes.com/archives/la-xpm-1999-nov-30-me-38862-story.html

Nash, A.E. Keir, Dean E. Mann, and Phil G. Olsen. Oil Pollution and the Public Interest: A Study of the Santa Barbara Oil Spill. Berkeley, CA: Institute of Governmental Studies, 1972.

Rome, Adam. The Genius of Earth Day: How a 1970 Teach-In Unexpectedly Made the First Green Generation. New York: Hill and Wang, 2014.

Steinhart, Carol E. and John Steinhart. Blowout: A Case Study of the Santa Barbara Oil Spill. N. Scituate, MA: Duxbury, 1972.

"The History of Earth Day," Earth Day Network, earthday.org/about/the-history-of-earth-day

Thulin, Lila. "How an Oil Spill 50 Years Ago Inspired the First Earth Day." Smithsonian Magazine, 22 Apr. 2019. smithsonianmag.com/history/how-oil-spill-50-years-ago-inspired-first-earth-day-180972007

Welsh, Nick. "Santa Barbara's 1969 Oil Spill Reverberates Today: Fifty Years After the Platform A Blowout, Activists Are Still in the Fight." Santa Barbara Independent, 24 Jan. 2019. independent.com/2019/01/24/santa-barbaras-1969-oil-spill-reverberates-today

Wheeling, Kate and Max Ufberg. "'The Ocean Is Boiling:' The Complete Oral History of the Santa Barbara Oil Spill." Pacific Standard Magazine, 18 Apr. 2017. psmag.com/news/the-ocean-is-boiling-the-complete-oral-history-of-the-1969-santa-barbara-oil-spill

책 읽는 우리 집 35

검은 해변 (원제 : BLACK BEACH)

1판 1쇄 2023년 4월 22일

지 은 이 쇼나 스티스, 존 스티스
그 린 이 마리벨 레추가
옮 긴 이 장미정

발 행 인 주정관
발 행 처 북스토리아이
주   소 서울특별시 마포구 양화로 7길 6-16
          서교제일빌딩 201호
대표전화 02-332-5281
팩시밀리 02-332-5283
출판등록 2008년 8월 6일 (제313-2008-129호)
홈페이지 www.ebookstory.co.kr
이 메 일 bookstory@naver.com

ISBN 978-89-97279-71-5   77840
      978-89-97279-00-5   (세트)

※ 잘못된 책은 바꾸어드립니다.